PAUL ELUARD

CAPITALE
DE LA DOULEUR

RÉPÉTITIONS

MOURIR DE NE PAS
MOURIR (sic!)

LES PETITS JUSTES

NOUVEAUX
POÈMES

© 2023 Culturea Editions
Illustration de couverture : © domaine public
Edition : Culturea, le patrimoine des lettres (Hérault, 34)
Contact : infos@culturea.fr
Retrouvez notre catalogue sur http://culturea.fr
Imprimé en Allemagne par Books on Demand, In de Tarpen 42, Norderstedt.
Design typographique : Derek Murphy
Layout : Reedsy (https://reedsy.com/)
ISBN : 9782385086701
Dépôt légal : janvier 2023

RÉPÉTITIONS

MAX ERNST

Dans un coin l'inceste agile
Tourne autour de la virginité d'une petite robe

Dans un coin le ciel délivré
Aux épines de l'orage laisse des boules blanches.

Dans un coin plus clair de tous les yeux
On attend les poissons d'angoisse.
Dans un coin la voiture de verdure de l'été
Immobile glorieuse et pour toujours.

À la lueur de la jeunesse
Des lampes allumées très tard
La première montre ses seins qui tuent des in-
sectes rouges.

SUITE

Pour l'éclat du jour des bonheurs en l'air
Pour vivre aisément des goûts des couleurs
Pour se régaler des amours pour rire
Pour ouvrir les yeux au dernier instant

Elle a toutes les complaisances.

MANIE

Après des années de sagesse
Pendant lesquelles le monde était aussi transparent
qu'une aiguille
Roucouler s'agit-il d'autre chose?
Après avoir rivalisé rendu grâces et dilapidé le tré-
sor
Plus d'une lèvre rouge avec un point rouge

Et plus d'une jambe blanche avec un pied blanc
Où nous croyons-nous donc?

L'INVENTION

La droite laisse couler du sable.
Toutes les transformations sont possibles.

Loin, le soleil aiguise sur les pierres sa hâte d'en fi-
nir.
La description du paysage importe peu,
Tout juste l'agréable durée des moissons.

Clair avec mes deux yeux,
Comme l'eau et le feu.
* * * * *
Quel est le rôle de la racine?
Le désespoir a rompu tous ses liens
Et porte les mains à sa tête.
Un sept, un quatre, un deux, un un.
Cent femmes dans la rue
Que je ne verrai plus.

* * * * *

    L'art d'aimer, l'art libéral, l'art de bien mourir,
l'art de penser, l'art incohérent, l'art de fumer, l'art
de jouir, l'art du moyen-âge, l'art décoratif, l'art de
raisonner, l'art de bien raisonner, l'art poétique,
l'art mécanique, l'art érotique, l'art d'être grand-
père, l'art de la danse, l'art de voir, l'art d'agré-
ment, l'art de caresser, l'art japonais, l'art de jouer,
l'art de manger, l'art de torturer.

* * * * *

Je n'ai pourtant jamais trouvé ce que j'écris dans ce que j'aime.

PLUS PRÈS DE NOUS

Courir et courir délivrance
Et tout trouver tout ramasser
Délivrance et richesse
Courir si vite que le fil casse
Au bruit que fait un grand oiseau
Un drapeau toujours dépassé.

PORTE OUVERTE

La vie est bien aimable
Venez à moi, si je vais à vous c'est un jeu,
Les anges des bouquets dont les fleurs changent de couleur.

SUITE

Dormir, la lune dans un œil et le soleil dans l'autre,
Un amour dans la bouche, un bel oiseau dans les cheveux,
Parée comme les champs, les bois, les routes et la mer,
Belle et parée comme le tour du monde.

Fuis à travers le paysage,
Parmi les branches de fumée et tous les fruits du

vent,
Jambes de pierre aux bas de sable,
Prise à la taille, à tous les muscles de rivière,
Et le dernier souci sur un visage transformé.

LA PAROLE

J'ai la beauté facile et c'est heureux.
Je glisse sur le toit des vents
Je glisse sur le toit des mers
Je suis devenue sentimentale
Je ne connais plus le conducteur
Je ne bouge plus soie sur les glaces
Je suis malade fleurs et cailloux
J'aime le plus chinois aux nues
J'aime la plus nue aux écarts d'oiseau
Je suis vieille mais ici je suis belle
Et l'ombre qui descend des fenêtres profondes
Épargne chaque soir le cœur noir de mes yeux.

LA RIVIÈRE

La rivière que j'ai sous la langue,
L'eau qu'on n'imagine pas, mon petit bateau,
Et, les rideaux baissés, parlons.

L'OMBRE AUX SOUPIRS

Sommeil léger, petite hélice,
Petite, tiède, cœur à l'air.

L'amour de prestidigitateur,
Ciel lourd des mains, éclairs des veines,

Courant dans la rue sans couleurs,
Pris dans sa traîne de pavés,
Il lâche le dernier oiseau
De son auréole d'hier—
Dans chaque puits, un seul serpent.

Autant rêver d'ouvrir les portes de la mer.

NUL

Ce qui se dit: J'ai traversé la rue pour ne plus être au soleil. Il fait trop chaud, même à l'ombre. Il y a la rue, quatre étages et ma fenêtre au soleil. Une casquette sur la tête, une casquette à la main, il vient me serrer la main. Voulez-vous ne pas crier comme ça, c'est de la folie!

* * * * *

Des aveugles invisibles préparent les linges du sommeil. La nuit, la lune et leur cœur se poursuivent.

* * * * *

À son tour un cri: «l'empreinte, l'empreinte, je ne vois plus l'empreinte. À la fin, je ne puis plus compter sur vous!»

POÈMES

Le cœur sur l'arbre vous n'aviez qu'à le cueillir,
Sourire et rire, rire et douceur d'outre-sens.
Vaincu, vainqueur et lumineux, pur comme un
ange,
Haut vers le ciel, avec les arbres.

Au loin, geint une belle qui voudrait lutter
Et qui ne peut, couchée au pied de la colline.
Et que le ciel soit misérable ou transparent
On ne peut la voir sans l'aimer.

Les jours comme des doigts repliant leurs pha-
langes.
Les fleurs sont desséchées, les graines sont per-
dues,
La canicule attend les grandes gelées blanches.

À l'œil du pauvre mort. Peindre des porcelaines.
Une musique, bras blancs tout nus.
Les vents et les oiseaux s'unissent—le ciel change.

LIMITE

Songe aux souffrances taillées sous des voiles fau-
tifs
Aux petits amateurs de rivières tournantes
Où promenade pour noyade
Nous irons sans plaisir
Nous irons ramer
Dans le cou des eaux

Nous aurons un bateau.

LES MOUTONS

Ferme les yeux visage noir
Ferme les jardins de la rue
L'intelligence et la hardiesse
L'ennui et la tranquillité
Ces tristes soirs à tout moment
Le verre et la porte vitrée
Confortable et sensible
Légère et l'arbre à fruits
L'arbre à fleurs l'arbre à fruits
Fuient.

L'UNIQUE

Elle avait dans la tranquillité de son corps
Une petite boule de neige couleur d'œil
Elle avait sur les épaules
Une tache de silence une tache de rose
Couvercle de son auréole
Ses mains et des arcs souples et chanteurs
Brisaient la lumière

Elle chantait les minutes sans s'endormir.

LA VIE

Sourire aux visiteurs
Qui sortent de leur cachette
Quand elle sort elle dort.

Chaque jour plus matinale
Chaque saison plus nue
Plus fraîche

Pour suivre ses regards
Elle se balance.

NUL

Il pose un oiseau sur la table et ferme les volets.
Il se coiffe, ses cheveux dans ses mains sont plus
doux qu'un oiseau.

* * * * *

Elle dit l'avenir. Et je suis chargé de le vérifier.

* * * * *

Le cœur meurtri, l'âme endolorie, les mains bri-
sées, les cheveux blancs, les prisonniers, l'eau tout
entière est sur moi comme une plaie à nu.

INTÉRIEUR

Dans quelques secondes
Le peintre et son modèle
Prendront la fuite.

Plus de vertus
Ou moins de malheurs
J'aperçois une statue

Une sorte d'amande
Une médaille vernie
Pour le plus grand ennui.

À CÔTÉ

La nuit plus longue et la route plus blanche.
Lampes je suis plus près de vous que la lumière.
Un papillon l'oiseau d'habitude
Roue brisée de ma fatigue
De bonne humeur place
Signal vide et signal
À l'éventail d'horloge.

À CÔTÉ

Soleil tremblant
Signal vide et signal à l'éventail d'horloge
Aux caresses unies d'une main sur le ciel
Aux oiseaux entr'ouvrant le livre des aveugles
Et d'une aile après l'autre entre cette heure et l'autre
Dessinant l'horizon faisant tourner les ombres
Qui limitent le monde quand j'ai les yeux baissés.

L'IMPATIENT

Si triste de ses faux calculs
Qu'il inscrit ses nombres à l'envers
Et s'endort.

Une femme plus belle
Et n'a jamais trouvé,
Cherché les idées roses des quinze ans à peine,
Ri sans le savoir, sans un compliment
Aux jeunesses du temps.

À la rencontre
De ce qui passait à côté
L'autre jour,

De la femme qui s'ennuyait,
Les mains à terre,
Sous un nuage.

La lampe s'allumait aux méfaits de l'orage
Aux beaux jours d'Août sans défaillances,
La caressante embrassait Pair, les joues de sa com-
pagne,
Fermait les yeux
Et comme les feuilles le soir
Se perdait à l'horizon.

SANS MUSIQUE

Les muets sont des menteurs, parle.
Je suis vraiment en colère de parler seul
Et ma parole
Éveille des erreurs,

Mon petit cœur.

LUIRE

Terre irréprochablement cultivée,
Miel d'aube, soleil en fleurs,
Coureur tenant encore par un fil au dormeur
(Nœud par intelligences)
Et le jetant sur son épaule:
«Il n'a jamais été plus neuf,
Il n'a jamais été si lourd.»
Usure, il sera plus léger,
Utile.
Clair soleil d'été avec:
Sa chaleur, sa douceur, sa tranquillité
Et, vite,
Les porteurs de fleurs en l'air touchent de la terre.

LA GRANDE MAISON INHABITABLE

Au milieu d'une île étonnante
Que ses membres traversent
Elle vit d'un monde ébloui.

La chair que l'on montre aux curieux
Attend là comme les récoltes
La chute sur les rives.

En attendant pour voir plus loin
Les yeux plus grands ouverts sous le vent de ses mains
Elle imagine que l'horizon a pour elle dénoué sa ceinture.

LA MORT DANS LA CONVERSATION

Qui a votre visage?
La bonne et la mauvaise
La belle imaginable
Gymnastique à l'infini
Dépassant en mouvements
Les couleurs et les baisers
Les grands gestes la nuit.

RAISON DE PLUS

Les lumières en l'air,
L'air sur un tour moitié passé, moitié brillant,
Faites entrer les enfants,
Tous les saluts, tous les baisers, tous les remercie-
ments.

Autour de la bouche
Son rire est toujours différent,
C'est un plaisir, c'est un désir, c'est un tourment,
C'est une folle, c'est la fleur, une créole qui passe.

La nudité, jamais la même.
Je suis bien laid.
Au temps des soins, des neiges, herbes en soins,
Neiges en foule,
Au temps en heures fixes,
Des souples satins des statues.
Le temple est devenu fontaine
Et la main remplace le cœur.

Il faut m'avoir connu à cette époque pour m'ai-
mer,

sûr du lendemain.

LESQUELS?

Pendant qu'il est facile
Et pendant qu'elle est gaie
Allons nous habiller et nous déshabiller.

RUBANS

L'alarme matérielle où, sans excuse, apparaît la douleur future.

C'est bien: presque insensible. C'est un signe de plus de dignité.

Aucun étonnement, une femme ou un gracieux enfant de toile fine et de paille, idées de grandeur, Leurs yeux se sont levés plus tôt que le soleil.

* * * * *

Les sacrifiés font un geste qui ne dit rien parmi la dentelle de tous les autres gestes, imaginaires, à cinq ou six, vers le lieu de repos où il n'y a personne.

Constaté qu'ils se sont réfugiés dans les branches nues d'une politesse désespérée, d'une couronne taillée à coups de vent.

Prendre, cordes de la vie. Pouviez-vous prendre plus de libertés?

* * * * *

De petits instruments,

Et les mains qui pétrissent un ballon pour le faire éclater, pour que le sang de l'homme lui jaillisse au visage.

Et les ailes qui sont attachées comme la terre et la mer.

L'AMI

La photographie: un groupe.
Si le soleil passait,
Si tu bouges.

Fards. À l'intérieur, blanche et vernie,
Dans le tunnel.
«Au temps des étincelles
On débouchait la lumière.»

Postérité, mentalité des gens.
La bien belle peinture.
L'épreuve, s'entendre.
L'espoir des cantharides
Est un bien bel espoir.

VOLONTAIREMENT

Aveugle maladroit, ignorant et léger,
Aujourd'hui pour oublier,
Le mois prochain pour dessiner,

Les coins de rue, les allées à perte de vue.
Je les imite pour m'étendre
Dans une nuit profonde et large de mon âge.

À LA MINUTE

L'instrument
Comme tu le vois.
Espérons
Et
Espérons
Adieu
Ne t'avise pas
Que les yeux
Comme tu le vois
Le jour et la nuit ont bien réussi.
Je le regarde je le vois.

PARFAIT

Un miracle de sable fin
Transperce les feuilles les fleurs
Éclôt dans les fruits
Et comble les ombres.

Tout est enfin divisé
Tout se déforme et se perd
Tout se brise et disparaît
La mort sans conséquences.

Enfin
La lumière n'a plus la nature

Ventilateur gourmand étoile de chaleur
Elle abandonne les couleurs
Elle abandonne son visage

Aveugle silencieuse
Elle est partout semblable et vide.

RONDE

Sous un soleil ressort du paysage
Une femme s'emballe
Frise son ombre avec ses jambes
Et d'elle seule espère les espoirs les plus mysté-
rieux.

Je la trouve sans soupçons sans aucun doute
amoureuse
Au lieu des chemins assemblés
De la lumière en un point diminuée
Et des mouvements impossibles
La grande porte de la face
Aux plans discutés adoptés
Aux émotions de pensée
Le voyage déguisé et l'arrivée de réconciliation

La grande porte de la face
La vue des pierres précieuses
Le jeu du plus faible en plus fort.

CE N'EST PAS LA POÉSIE QUI

Avec des yeux pareils
Que tout est semblable
École de nu.
Tranquillement
Dans un visage délié
Nous avons pris des garanties
Un coup de main aux cheveux rapides
La bouche de voluptueux inférieur joue et tombe
Et nous lançons le menton qui tourne comme une
toupie.

ŒIL DE SOURD

Faites mon portrait.
Il se modifiera pour remplir tous les vides.
Faites mon portrait sans bruit, seul le silence
À moins que—s'il—sauf—excepté—
Je ne vous entends pas.

Il s'agit, il ne s'agit plus.
Je voudrais ressembler—
Fâcheuse coïncidence, entre autres grandes af-
faires.
Sans fatigue, têtes nouées
Aux mains de mon activité.

MOURIR DE NE PAS MOURIR

à André Breton

L'ÉGALITÉ DES SEXES

Tes yeux sont revenus d'un pays arbitraire
Où nul n'a jamais su ce que c'est qu'un regard
Ni connu la beauté des yeux, beauté des pierres,
Celle des gouttes d'eau, des perles en placards,

Des pierres nues et sans squelette, ô ma statue,
Le soleil aveuglant te tient lieu de miroir
Et s'il semble obéir aux puissances du soir
C'est que ta tête est close, ô statue abattue

Par mon amour et par mes ruses de sauvage.
Mon désir immobile est ton dernier soutien
Et je t'emporte sans bataille, ô mon image,
Rompue à ma faiblesse et prise dans mes liens.

AU CŒUR DE MON AMOUR

Un bel oiseau me montre la lumière
Elle est dans ses yeux, bien en vue.
Il chante sur une boule de gui
Au milieu du soleil.
* * * * *
Les yeux des animaux chanteurs
Et leurs chants de colère ou d'ennui
M'ont interdit de sortir de ce lit.
J'y passerai ma vie.

L'aube dans des pays sans grâce
Prend l'apparence de l'oubli.
Et qu'une femme émue s'endorme, à l'aube,
La tête la première, sa chute l'illumine.

Constellations,
Vous connaissez la forme de sa tête.
Ici, tout s'obscurcit:
Le paysage se complète, sang aux joues,
Les masses diminuent et coulent dans mon cœur
Avec le sommeil.
Et qui donc veut me prendre le cœur?
* * * * *

Je n'ai jamais rêvé d'une si belle nuit.
Les femmes du jardin cherchent à m'embrasser—
Soutiens du ciel, les arbres immobiles
Embrassent bien l'ombre qui les soutient.

Une femme au cœur pâle
Met la nuit dans ses habits.
L'amour a découvert la nuit
Sur ses seins impalpables.

Comment prendre plaisir à tout?
Plutôt tout effacer.
L'homme de tous les mouvements,
De tous les sacrifices et de toutes les conquêtes
Dort. Il dort, il dort, il dort.
Il raye de ses soupirs la nuit minuscule, invisible.

Il n'a ni froid, ni chaud.
Son prisonnier s'est évadé—pour dormir.
Il n'est pas mort, il dort.

Quand il s'est endormi
Tout l'étonnait,
Il jouait avec ardeur,
Il regardait,

Il entendait.
Sa dernière parole:«Si c'était à recommencer, je te rencontrerais sans
te chercher.»

Il dort, il dort, il dort.
L'aube a eu beau lever la tête,
Il dort.

POUR SE PRENDRE AU PIÈGE

C'est un restaurant comme les autres. Faut-il croire que je ne ressemble à personne? Une grande femme, à côté de moi, bat des œufs avec ses doigts. Un voyageur pose ses vêtements sur une table et me tient tête. Il a tort, je ne connais aucun mystère, je ne sais même pas la signification du mot: mystère, je n'ai jamais rien cherché, rien trouvé, il a tort d'insister.

L'orage qui, par instants, sort de la brume me tourne les yeux et les épaules. L'espace a alors des portes et des fenêtres. Le voyageur me déclare que je ne suis plus le même. Plus le même! Je ramasse les débris de toutes mes merveilles. C'est la grande femme qui m'a dit que ce sont des débris de merveilles, ces débris. Je les jette aux ruisseaux vivaces et pleins d'oiseaux. La mer, la calme mer est entre eux comme le ciel dans la lumière. Les couleurs aussi, si l'on me parle des couleurs, je ne regarde plus. Parlez-moi des formes, j'ai grand besoin d'inquiétude.

Grande femme, parle-moi des formes, ou bien je m'endors et je mène la grande vie, les mains prises dans la tête et la tête dans la bouche, dans la bouche bien close, langage intérieur.

L'AMOUREUSE

Elle est debout sur mes paupières
Et ses cheveux sont dans les miens,
Elle a la forme de mes mains,
Elle a la couleur de mes yeux,
Elle s'engloutit dans mon ombre
Comme une pierre sur le ciel.

Elle a toujours les yeux ouverts
Et ne me laisse pas dormir.
Ses rêves en pleine lumière
Font s'évaporer les soleils,
Me font rire, pleurer et rire,
Parler sans avoir rien à dire.

LE SOURD ET L'AVEUGLE

Gagnerons-nous la mer avec des cloches
Dans nos poches, avec le bruit de la mer
Dans la mer, ou bien serons-nous les porteurs
D'une eau plus pure et silencieuse?

L'eau se frottant les mains aiguise des couteaux
Les guerriers ont trouvé leurs armes dans les flots
Et le bruit de leurs coups est semblable à celui
Des rochers défonçant dans la nuit les bateaux.

C'est la tempête et le tonnerre. Pourquoi pas le si-
lence
Du déluge, car nous avons en nous tout l'espace
rêvé
Pour le plus grand silence et nous respirerons
Comme le vent des mers terribles, comme le vent

Qui rampe lentement sur tous les horizons.

L'HABITUDE

Toutes mes petites amies sont bossues:
Elles aiment leur mère.
Tous mes animaux sont obligatoires,
Ils ont des pieds de meuble
Et des mains de fenêtre.
Le vent se déforme,
Il lui faut un habit sur mesure,
Démesuré.
Voilà pourquoi
Je dis la vérité sans la dire.

DANS LA DANSE

Petite table enfantine,
il y a des femmes dont les yeux sont comme des
morceaux de sucre,
il y a des femmes graves comme les mouvements
de l'amour qu'on ne surprend
pas
il y a des femmes au visage pâle
d'autres comme le ciel à la veille du vent.

Petite table dorée des jours de fête,
il y a des femmes de bois vert et sombre:
celles qui pleurent,
de bois sombre et vert:
celles qui rient.

Petite table trop basse ou trop haute,
il y a des femmes grasses
avec des ombres légères,
il y a des robes creuses,
des robes sèches,
des robes que l'on porte chez soi et que l'amour
ne fait jamais sortir.
Petite table,
je n'aime pas les tables sur lesquelles je danse,
je ne m'en doutais pas.

LE JEU DE CONSTRUCTION

À Raymond Roussel.

L'homme s'enfuit, le cheval tombe,
La porte ne peut pas s'ouvrir,
L'oiseau se tait, creusez sa tombe,
Le silence le fait mourir.

Un papillon sur une branche
Attend patiemment l'hiver,
Son cœur est lourd, la branche penche,
La branche se plie comme un ver.

Pourquoi pleurer la fleur séchée
Et pourquoi pleurer les lilas?

Pourquoi pleurer la rose d'ambre?

Pourquoi pleurer la pensée tendre?
Pourquoi chercher la fleur cachée
Si l'on n'a pas de récompense?

—Mais pour ça, ça et ça.

ENTRE AUTRES

À l'ombre des arbres
Comme au temps des miracles,

Au milieu des hommes
Comme la plus belle femme

Sans regrets, sans honte,
J'ai quitté le monde.

—Qu'avez-vous vu?

—Une femme jeune, grande et belle
En robe noire très décolletée.

GIORGIO DE CHIRICO

Un mur dénonce un autre mur
Et l'ombre me défend de mon ombre peureuse.
Ô tour de mon amour autour de mon amour,
Tous les murs filaient blanc autour de mon si-
lence.

Toi, que défendais-tu? Ciel insensible et pur
Tremblant tu m'abritais. La lumière en relief
Sur le ciel qui n'est plus le miroir du soleil,
Les étoiles de jour parmi les feuilles vertes,

Le souvenir de ceux qui parlaient sans savoir,
Maîtres de ma faiblesse et je suis à leur place
Avec des yeux d'amour et des mains trop fidèles
Pour dépeupler un monde dont je suis absent.

BOUCHE USÉE

Le rire tenait sa bouteille
À la bouche riait la mort
Dans tous les lits où l'on dort
Le ciel sous tous les corps sommeille

Un clair ruban vert à l'oreille
Trois boules une bague en or
Elle porte sans effort
Une ombre aux lumières pareille

Petite étoile des vapeurs
Au soir des mers sans voyageurs
Des mers que le ciel cruel fouille

Délices portées à la main
Plus douce poussière à la fin
Les branches perdues sous la rouille.

DANS LE CYLINDRE DES TRIBULA-TIONS

Que le monde m'entraîne et j'aurai des souvenirs.

Trente filles au corps opaque, trente filles divinisées par l'imagination, s'approchent de l'homme qui repose dans la petite vallée de la folie.

L'homme en question joue avec ferveur. Il joue contre lui-même et gagne. Les trente filles en ont vite assez. Les caresses du jeu ne sont pas celles de l'amour et le spectacle n'en est pas aussi charmant, séduisant et agréable.

Je parle de trente filles au corps opaque et d'un joueur heureux. Il y a aussi, dans une ville de laine et de plumes, un oiseau sur le dos d'un mouton. Le mouton, dans les fables, mène l'oiseau en paradis.

Il y a aussi les siècles personnifiés, la grandeur des siècles présents, le vertige des années défendues et des fruits perdus.

Que les souvenirs m'entraînent et j'aurai des yeux ronds comme le monde.

DENISE DISAIT AUX MERVEILLES:

Le soir traînait des hirondelles. Les hiboux
Partageaient le soleil et pesaient sur la terre
Comme les pas jamais lassés d'un solitaire
Plus pâle que nature et dormant tout debout.

Le soir traînait des armes blanches sur nos têtes.
Le courage brûlait les femmes parmi nous,
Elles pleuraient, elles criaient comme des bêtes,
Les hommes inquiets s'étaient mis à genoux.

Le soir, un rien, une hirondelle qui dépasse,
Un peu de vent, les feuilles qui ne tombent plus,
Un beau détail, un sortilège sans vertus
Pour un regard qui n'a jamais compris l'espace.

LA BÉNÉDICTION

À l'aventure, en barque, au nord.
Dans la trompette des oiseaux
Les poissons dans leur élément.

L'homme qui creuse sa couronne
Allume un brasier dans la cloche,
Un beau brasier-nid-de-fourmis.

Et le guerrier bardé de fer
Que l'on fait rôtir à la broche
Apprend l'amour et la musique.

LA MALÉDICTION

Un aigle, sur un rocher, contemple l'horizon
béat. Un aigle défend le mouvement des sphères.
Couleurs douces de la charité, tristesse, lueurs sur
les arbres décharnés, lyre en étoile d'araignée, les
hommes qui sous tous les cieux se ressemblent
sont aussi bêtes sur la terre qu'au ciel. Et celui qui

traîne un couteau dans les herbes hautes, dans les herbes de mes yeux, de mes cheveux et de mes rêves, celui qui porte dans ses bras tous les signes de l'ombre, est tombé, tacheté d'azur, sur les fleurs à quatre couleurs.

SILENCE DE L'ÉVANGILE

Nous dormons avec des anges rouges qui nous montrent le désert sans minuscules et sans les doux réveils désolés. Nous dormons. Une aile nous brise, évasion, nous avons des roues plus vieilles que les plumes envolées, perdues, pour explorer les cimetières de la lenteur, la seule luxure.

* * * * *

La bouteille que nous entourons des linges de nos blessures ne résiste à aucune envie. Prenons les cœurs, les cerveaux, les muscles de la rage, prenons les fleurs invisibles des blêmes jeunes filles et des enfants noués, prenons la main de la mémoire, fermons les yeux du souvenir, une théorie d'arbres délivrés par les voleurs nous frappe et nous divise, tous les morceaux sont bons. Qui les rassemblera: la terreur, la souffrance ou le dégoût?

* * * * *

Dormons, mes frères. Le chapitre inexplicable est devenu incompréhensible. Des géants passent en exhalant des plaintes terribles, des plaintes de géant, des plaintes comme l'aube veut en pousser,

l'aube qui ne peut ne plus se plaindre, depuis le
temps, mes frères, depuis le temps.

SANS RANCUNE

Larmes des yeux, les malheurs des malheureux.
Malheurs sans intérêt et larmes sans couleurs.
Il ne demande rien, il n'est pas insensible,
Il est triste en prison et triste s'il est libre.

Il fait un triste temps, il fait une nuit noire
À ne pas mettre un aveugle dehors. Les forts
Sont assis, les faibles tiennent le pouvoir
Et le roi est debout près de la reine assise.

Sourires et soupirs, des injures pourrissent
Dans la bouche des muets et dans les yeux des
lâches.
Ne prenez rien: ceci brûle, cela flambe!
Vos mains sont faites pour vos poches et vos
fronts.
* * * * *
Une ombre...
Toute l'infortune du monde
Et mon amour dessus
Comme une bête nue.

CELLE QUI N'A PAS LA PAROLE

Les feuilles de couleur dans les arbres nocturnes
Et la liane verte et bleue qui joint le ciel aux
arbres,

Le vent à la grande figure
Les épargne. Avalanche, à travers sa tête transpa-
rente
La lumière, nuée d'insectes, vibre et meurt.

Miracle dévêtu, émiettement, rupture
Pour un seul être.

La plus belle inconnue
Agonise éternellement.

Étoiles de son cœur aux yeux de tout le monde.

NUDITÉ DE LA VÉRITÉ

« Je le sais bien »

Le désespoir n'a pas d'ailes,
L'amour non plus,
Pas de visage,
Ne parlent pas,
Je ne bouge pas,
Je ne les regarde pas,
Je ne leur parle pas
Mais Je suis bien aussi vivant que mon amour et
que mon désespoir.

PERSPECTIVE

Un millier de sauvages
S'apprêtent à combattre.
Ils ont des armes,

Ils ont leur cœur, grand cœur,
Et s'alignent avec lenteur
Devant un millier d'arbres verts
Qui, sans en avoir l'air,
Tiennent encore à leur feuillage.

TA FOI

Suis-je autre chose que ta force?
Ta force dans tes bras,
Ta tête dans tes bras,
Ta force dans le ciel décomposé,
Ta tête lamentable,
Ta tête que je porte.
Tu ne joueras plus avec moi,
Héroïne perdue,
Ma force bouge dans tes bras.

MASCHA RIAIT AUX ANGES

L'heure qui tremble au front du temps tout em-
brouillé

Un bel oiseau léger plus vif qu'une poussière
Traîne sur un miroir un cadavre sans tête
Des boules de soleil adoucissent ses ailes
Et le vent de son vol affole la lumière

Le meilleur a été découvert loin d'ici.

LES PETITS JUSTES

SUR LA MAISON DU RIRE

Sur la maison du rire
Un oiseau rit dans ses ailes.
Le monde est si léger
Qu'il n'est plus à sa place
Et si gai
Qu'il ne lui manque rien.

POURQUOI SUIS-JE SI BELLE?

Pourquoi suis-je si belle?
Parce que mon maître me lave.

AVEC TES YEUX

Avec tes yeux je change comme avec les lunes
Et je suis tour à tour et de plomb et de plume,
Une eau mystérieuse et noire qui t'enserre
Ou bien dans tes cheveux ta légère victoire.

UNE COULEUR MADAME

Une couleur madame, une couleur monsieur,
Une aux seins, une aux cheveux,
La bouche des passions
Et si vous voyez rouge
La plus belle est à vos genoux.

À FAIRE RIRE LA CERTAINE

À faire rire la certaine,
Était-elle en pierre?
Elle s'effondra.

LE MONSTRE DE LA FUITE

Le monstre de la fuite hume même les plumes
De cet oiseau roussi par le feu du fusil.
Sa plainte vibre tout le long d'un mur de larmes
Et les ciseaux des yeux coupent la mélodie
Qui bourgeonnait déjà dans le cœur du chasseur.

LA NATURE S'EST PRISE

La nature s'est prise aux filets de ta vie.
L'arbre, ton ombre, montre sa chair nue: le ciel.
Il a la voix du sable et les gestes du vent
Et tout ce que tu dis bouge derrière toi.

ELLE SE REFUSE TOUJOURS

Elle se refuse toujours à comprendre, à entendre,
Elle rit pour cacher sa terreur d'elle-même.
Elle a toujours marché sous les arches des nuits
Et partout où elle a passé
Elle a laissé
L'empreinte des choses brisées.

SUR CE CIEL DÉLABRÉ

Sur ce ciel délabré, sur ces vitres d'eau douce,
Quel visage viendra, coquillage sonore,
Annoncer que la nuit de l'amour touche au jour,
Bouche ouverte liée à la bouche fermée.

INCONNUE

Inconnue, elle était ma forme préférée,
Celle qui m'enlevait le souci d'être un homme,
Et je la vois et je la perds et je subis
Ma douleur, comme un peu de soleil dans l'eau
froide.

LES HOMMES QUI CHANGENT

Les hommes qui changent et se ressemblent
Ont, au cours de leurs jours, toujours fermé les
yeux
Pour dissiper la brume de dérision
Etc...

NOUVEAUX POÈMES

à G.

NE PLUS PARTAGER

Au soir de la folie, nu et clair,
L'espace entre les choses a la forme de mes pa-
roles
La forme des paroles d'un inconnu,

D'un vagabond qui dénoue la ceinture de sa gorge
Et qui prend les échos au lasso.

Entre des arbres et des barrières,
Entre des murs et des mâchoires,
Entre ce grand oiseau tremblant
Et la colline qui l'accable,
L'espace a la forme de mes regards.

Mes yeux sont inutiles,
Le règne de la poussière est fini,
La chevelure de la route a mis son manteau rigide,
Elle ne fuit plus, je ne bouge plus,
Tous les ponts sont coupés, le ciel n'y passera plus
Je peux bien n'y plus voir.
Le monde se détache de mon univers
Et, tout au sommet des batailles,
Quand la saison du sang se fane dans mon cer-
veau,
Je distingue le jour de cette clarté d'homme
Qui est la mienne,
Je distingue le vertige de la liberté,
La mort de l'ivresse,
Le sommeil du rêve,

Ô reflets sur moi-même! ô mes reflets sanglants!

ABSENCES

I

39

La plate volupté et le pauvre mystère
Que de n'être pas vu.

Je vous connais, couleur des arbres et des villes,
Entre nous est la transparence de coutume
Entre les regards éclatants.
Elle roule sur pierres
Comme l'eau se dandine.
D'un côté de mon cœur des vierges s'obscur-
cissent,
De l'autre la main douce est au flanc des collines.
La courbe de peu d'eau provoque cette chute,
Ce mélange de miroirs.
Lumières de précision, je ne cligne pas des yeux,
Je ne bouge pas,
Je parle
Et quand je dors
Ma gorge est une bague à l'enseigne de tulle.

ABSENCES

II

Je sors au bras des ombres,
Je suis au bas des ombres,
Seul.

La pitié est plus haut et peut bien y rester,
La vertu se fait l'aumône de ses seins
Et la grâce s'est prise dans les filets de ses pau-
pières.
Elle est plus belle que les figures des gradins,

Elle est plus dure,
Elle est en bas avec les pierres et les ombres.
Je l'ai rejointe.

C'est ici que la clarté livre sa dernière bataille.
Si je m'endors, c'est pour ne plus rêver.
Quelles seront alors les armes de mon triomphe?
Dans mes yeux grands ouverts le soleil fait les
joints,
Ô jardin de mes yeux!
Tous les fruits sont ici pour figurer des fleurs,
Des fleurs dans la nuit,
Une fenêtre de feuillage
S'ouvre soudain dans son visage.
Où poserai-je mes lèvres, nature sans rivage?

Une femme est plus belle que le monde où je vis
Et je ferme les yeux.
Je sors au bras des ombres,
Je suis au bas des ombres.
Et des ombres m'attendent.

FIN DES CIRCONSTANCES

Un bouquet tout défait brûle les coqs des vagues
Et le plumage entier de la perdition
Rayonne dans la nuit et dans la mer du ciel.
Plus d'horizon, plus de ceinture,
Les naufragés, pour la première fois, font des
gestes
qui ne les soutiennent pas. Tout se diffuse, rien ne
s'imagine plus.

41

BAIGNEUSE DU CLAIR AU SOMBRE

L'après-midi du même jour. Légère, tu bouges
et, légers, le sable et la mer bougent.

Nous admirons l'ordre des choses, l'ordre des
pierres, l'ordre des clartés, l'ordre des heures. Mais
cette ombre qui disparaît et cet élément doulou-
reux, qui disparaît.

Le soir, la noblesse est partie de ce ciel. Ici, tout
se blottit dans un feu qui s'éteint.

Le soir. La mer n'a plus de lumière et, comme
aux temps anciens, tu pourrais dormir dans la mer.

PABLO PICASSO

Les armes du sommeil ont creusé dans la nuit
Les sillons merveilleux qui séparent nos têtes.
À travers le diamant, toute médaille est fausse,
Sous le ciel éclatant, la terre est invisible.

Le visage du cœur a perdu ses couleurs
Et le soleil nous cherche et la neige est aveugle.
Si nous l'abandonnons, l'horizon a des ailes
Et nos regards au loin dissipent les erreurs.

PREMIÈRE DU MONDE

À Pablo Picasso.

Captive de la plaine, agonisante folle,
La lumière sur toi se cache, vois le ciel:
Il a fermé les yeux pour s'en prendre à ton rêve,
Il a fermé ta robe pour briser tes chaînes.

Devant les roues toutes nouées
Un éventail rit aux éclats.
Dans les traîtres filets de l'herbe
Les routes perdent leur reflet.

Ne peux-tu donc prendre les vagues
Dont les barques sont les amandes
Dans ta paume chaude et câline
Ou dans les boucles de ta tête?

Ne peux-tu prendre les étoiles?
Écartelée, tu leur ressembles,
Dans leur nid de feu tu demeures
Et ton éclat s'en multiplie.

De l'aube baillonnée un seul cri veut jaillir,
Un soleil tournoyant ruisselle sous l'écorce.
Il ira se fixer sur tes paupières closes.
Ô douce, quand tu dors, la nuit se mêle au jour.

SOUS LA MENACE ROUGE

Sous la menace rouge d'une épée, défaisant sa chevelure qui guide des baisers, qui montre à quel endroit le baiser se repose, elle rit. L'ennui, sur son épaule, s'est endormi. L'ennui ne s'ennuie qu'avec elle qui rit, la téméraire, et d'un rire insensé, d'un rire de fin du jour semant sous tous les ponts des soleils rouges, des lunes bleues, fleurs fanées d'un bouquet désenchanté. Elle est comme une grande voiture de blé et ses mains germent et nous tirent la langue. Les routes qu'elle traîne derrière elle sont ses animaux domestiques et ses pas majestueux leur ferment les yeux.

CACHÉE

Le jardinage est la passion, belle bête de jardinier. Sous les branches, sa tête semblait couverte de pattes légères d'oiseaux. À un fils qui voit dans les arbres.

L'AS DE TRÈFLE

Elle joue comme nul ne joue et je suis seul à la regarder. Ce sont ses yeux qui la ramènent dans mes songes. Presque immobile, à l'aventure.

Et cet autre qu'elle prend par les ailes de ses oreilles a gardé la forme de ses auréoles. Dans l'accolade de ses mains, une hirondelle aux cheveux plats se débat sans espoir. Elle est aveugle.

À LA FLAMME DES FOUETS

Ces beaux murs blancs d'apothéose
Me sont d'une grande utilité.
Tout au sérieux, celui qui ne paie pas les dégâts
Jongle avec ton trousseau, reine des lavandes.

Est-il libre? Sa gorge montre d'un doigt impérieux
Des corridors où glissent les sifflets de ses che-
villes.
Son teint, de l'aube au soir, démode ses tatouages
Et l'asile de ses yeux a des portes sans nuages.

Ô régicide! ton corset appartient aux mignons
Et aux mignonnes de toutes sortes. Ta chair
simple s'y développe,
Tu t'y pourlèches dans la pourpre, ô nouveau mé-
diateur!
Par les fentes de ton sourire s'envole un animal
hurleur

Qui ne jouit que dans les hauteurs.

À LA FLAMME DES FOUETS

Métal qui nuit, métal de jour, étoile au nid,
Pointe à frayeur, fruit en guenilles, amour rapace,
Porte-couteau, souillure vaine, lampe inondée,
Souhaits d'amour, fruits de dégoût, glaces prosti-
tuées.

Bien sûr, bonjour à mon visage!
La lumière y sonne plus clair un grand désir qu'un
paysage.
Bien sûr, bonjour à vos harpons,
À vos cris, à vos bonds, à votre ventre qui se
cache!

J'ai perdu, j'ai gagné, voyez sur quoi je suis monté.

BOIRE

Les bouches ont suivi le chemin sinueux
Du verre ardent, du verre d'astre
Et dans le puits d'une étincelle
Ont mangé le cœur du silence.

Plus un mélange n'est absurde—
C'est ici que l'on voit le créateur de mots,
Celui qui se détruit dans les fils qu'il engendre
Et qui nomme l'oubli de tous les noms du monde.

Quand le fond du verre est désert,
Quand le fond du verre est fané
Les bouches frappent sur le verre
Comme sur un mort.

ANDRÉ MASSON

La cruauté se noue et la douceur agile se dé-
noue. L'amant des ailes prend des visages bien
clos, les flammes de la terre s'évadent par les seins
et le jasmin des mains s'ouvre sur une étoile.

Le ciel tout engourdi, le ciel qui se dévoue n'est
plus sur nous. L'oubli, mieux que le soir, l'efface.
Privée de sang et de reflets, la cadence des tempes
et des colonnes subsiste.

Les lignes de la main, autant de branches dans le
vent tourbillonnant. Rampe des mois d'hiver, jour
pâle d'insomnie, mais aussi, dans les chambres les

plus secrètes de l'ombre, la guirlande d'un corps autour de sa splendeur.

PAUL KLEE

Sur la pente fatale, le voyageur profite
De la faveur du jour, verglas et sans cailloux,
Et les yeux bleus d'amour, découvre sa saison
Qui porte à tous les doigts de grands astres en
bague.

Sur la plage la mer a laissé ses oreilles
Et le sable creusé la place d'un beau crime.
Le supplice est plus dur aux bourreaux qu'aux vic-
times
Les couteaux sont des signes et les balles des
larmes.

LES GERTRUDE HOFFMANN GIRLS

Gertrude, Dorothy, Mary, Claire, Alberta,
Charlotte, Dorothy, Ruth, Catherine, Emma,
Louise, Margaret, Ferrai, Harriet, Sara,
Florence toute nue, Margaret, Toots, Thelma,

Belles-de-nuit, belles-de-feu, belles-de-pluie,
Le cœur tremblant, les mains cachées, les yeux au
vent
Vous me montrez les mouvements de la lumière,
Vous échangez un regard clair pour un printemps,

Le tour de votre taille pour un tour de fleur,
L'audace et le danger pour votre chair sans ombre,
Vous échangez l'amour pour des frissons d'épées
Et le rire inconscient pour des promesses d'aube.

Vos danses sont le gouffre effrayant de mes
songes
Et je tombe et ma chute éternise ma vie,
L'espace sous vos pieds est de plus en plus vaste,
Merveilles, vous dansez sur les sources du ciel.

PARIS PENDANT LA GUERRE

«*Amoureux d'une statue.* »

Les bêtes qui descendent des faubourgs en feu,
Les oiseaux qui secouent leurs plumes meurtrières,
Les terribles ciels jaunes, les nuages tout nus
Ont, en toute saison, fêté cette statue.

Elle est belle, statue vivante de l'amour.
Ô neige de midi, soleil sur tous les ventres,
Ô flammes du sommeil sur un visage d'ange
Et sur toutes les nuits et sur tous les visages.

Silence. Le silence éclatant de ses rêves
Caresse l'horizon. Ses rêves sont les nôtres
Et les mains de désir qu'elle impose à son glaive
Enivrent d'ouragans le monde délivré.

L'ICÔNE AÉRÉE

L'icône aérée qui se conjugue isolément peut
faire une place décisive à la plus fausse des cou-
ronnes ovales, crâne de Dieu, polluée par la ter-
reur. L'os gâté par l'eau, ironie à flots irrités qui
domine de ses yeux froids comme l'aiguille sur la

machine des bonnes mères la tranche du globe que nous n'avons pas choisie.

Doux constructeurs las des églises, doux constructeurs aux tempes de briques roses, aux yeux grillés d'espoir, la tâche que vous deviez faire est pour toujours inachevée. Maisons plus fragiles que les paupières d'un mourant, allaient-ils s'y employer à qui perd gagne? Boîtes de perles avec, aux vitres, des visages multicolores qui ne se doutent jamais de la pluie ou du beau temps, du soleil d'ivoire ou de la lune tour à tour de soufre et d'acajou, grands animaux immobiles dans les veines du temps, l'aube de midi, l'aube de minuit, l'aube qui n'a jamais rien commencé ni rien fini, cette cloche qui partout et sans cesse sonne le milieu, le cœur de toute chose, ne vous gênera pas. Grandes couvertures de plomb sur des chevelures lisses et odorantes, grand amour transparent sur des corps printaniers, délicats esclaves des prisonniers, vos gestes sont les échelles de votre force, vos larmes ont terni l'insouciance de vos maîtres impuissants, et désormais vous pouvez rire effrontément, rire, bouquet d'épées, rire, vent de poussière, rire comme arcs-en-ciel tombés de leur balance, comme un poisson géant qui tourne sur lui-même. La liberté a quitté votre corps.

LE DIAMANT

Le diamant qu'il ne t'a pas donné, c'est parce qu'il l'a eu à la fin de sa vie, il n'en connaissait plus la musique, il ne pouvait plus le lancer en l'air, il avait perdu l'illusion du soleil, il ne voyait plus la pierre de ta nudité, chaton de cette bague tournée vers toi.

De l'arabesque qui fermait les lieux d'ivresse, la ronce douce, squelette de ton pouce et tous ces signes précurseurs de l'incendie animal qui dévore-ra en un clin de retour de flamme ta grâce de la Sainte-Claire.

Dans les lieux d'ivresse, la bourrasque de palmes et de vin noir fait rage. Les figures dentelées du ju-gement d'hier conservent aux journées leurs heures entr'ouvertes. Es-tu sûre, héroïne aux sens de phare, d'avoir vaincu la miséricorde et l'ombre, ces deux sœurs lavandières, prenons-les à la gorge, elles ne sont pas jolies et pour ce que nous vou-lons en faire, le monde se détachera bien assez vite de leur crinière peignant l'encens sur le bord des fontaines.

L'HIVER SUR LA PRAIRIE

L'hiver sur la prairie apporte des souris.
J'ai rencontré la jeunesse.
Toute nue aux plis de satin bleu,
Elle riait du présent, mon bel esclave.

Les regards dans les rênes du coursier,
Délivrant le bercement des palmes de mon sang,
Je découvre soudain le raisin des façades couchées

sur le soleil,
Fourrure du drapeau des détroits insensibles.

La consolation graine perdue,
Le remords pluie fondue,
La douleur bouche en cœur
Et mes larges mains luttent.

La tête antique du modèle
Rougit devant ma modestie.
Je l'ignore, je la bouscule.
Ô! lettre aux timbres incendiaires

Qu'un bel espion n'envoya pas.
Il glissa une hache de pierre
Dans la chemise de ses filles,
De ses filles tristes et paresseuses.

À terre, à terre tout ce qui nage!
À terre, à terre tout ce qui vole!
J'ai besoin des poissons pour porter ma couronne
Autour de mon front,

J'ai besoin des oiseaux pour parler à la foule.

GRANDES CONSPIRATRICES

Grandes conspiratrices, routes sans destinée,
croisant l'x de mes pas hésitants, nattes gonflées
de pierres ou de neige, puits légers dans l'espace,
rayons de la roue des voyages, routes de brises et
d'orages, routes viriles dans les champs humides,
routes féminines dans les villes, ficelles d'une tou-

pie folle, l'homme, à vous fréquenter, perd son chemin et cette vertu qui le condamne aux buts. Il dénoue sa présence, il abdique son image et rêve que les étoiles vont se guider sur lui.

LEURS YEUX TOUJOURS PURS

Jours de lenteur, jours de pluie,
Jours de miroirs brisés et d'aiguilles perdues,
Jours de paupières closes à l'horizon des mers,
D'heures toutes semblables, jours de captivité,

Mon esprit qui brillait encore sur les feuilles
Et les fleurs, mon esprit est nu comme l'amour,
L'aurore qu'il oublie lui fait baisser la tête
Et contempler son corps obéissant et vain.

Pourtant, j'ai vu les plus beaux yeux du monde,
Dieux d'argent qui tenaient des saphirs dans leurs mains,
De véritables dieux, des oiseaux dans la terre
Et dans l'eau, je les ai vus.

Leurs ailes sont les miennes, rien n'existe
Que leur vol qui secoue ma misère,
Leur vol d'étoile et de lumière
Leur vol de terre, leur vol de pierre
Sur les flots de leurs ailes,

Ma pensée soutenue par la vie et la mort.

MAX ERNST

Dévoré par les plumes et soumis à la mer,
Il a laissé passer son ombre dans le vol
Des oiseaux de la liberté.
Il a laissé
La rampe à ceux qui tombent sous la pluie,
Il a laissé leur toit à tous ceux qui se vérifient.

Son corps était en ordre,
Le corps des autres est venu disperser
Cette ordonnance qu'il tenait
De la première empreinte de son sang sur terre.

Ses yeux sont dans un mur
Et son visage est leur lourde parure.
Un mensonge de plus du jour,
Une nuit de plus, il n'y a plus d'aveugles.

UNE

Je suis tombé de ma fureur, la fatigue me défigure, mais je vous aperçois encore, femmes bruyantes, étoiles muettes, je vous apercevrai toujours, folie.

Et toi, le sang des astres coule en toi, leur lumière te soutient. Sur les fleurs, tu te dresses avec les fleurs, sur les pierres avec les pierres.

Blanche éteinte des souvenirs, étalée, étoilée, rayonnante de tes larmes qui fuient. Je suis perdu.

LE PLUS JEUNE

Au plafond de la libellule
Un enfant fou s'est pendu,
Fixement regarde l'herbe,
Confiant lève les yeux:
Le brouillard léger se lèche comme un chat
Qui se dépouille de ses rêves.
L'enfant sait que le monde commence à peine
Tout est transparent,
C'est la lune qui est au centre de la terre,
C'est la verdure qui couvre le ciel
Et c'est dans les yeux de l'enfant,
Dans ses yeux sombres et profonds
Comme les nuits blanches
Que naît la lumière.

AU HASARD

Au hasard une épopée, mais bien finie maintenant,
Tous les actes sont prisonniers
D'esclaves à barbe d'ancêtre
Et les paroles coutumières
Ne valent que dans leur mémoire.

Au hasard tout ce qui brûle, tout ce qui ronge,
Tout ce qui use, tout ce qui mord, tout ce qui tue,
Mais ce qui brille tous les jours
C'est l'accord de l'homme et de l'or,
C'est un regard lié à la terre.

Au hasard une délivrance,
Au hasard l'étoile filante
Et l'éternel ciel de ma tête

S'ouvre plus large à son soleil,
À l'éternité du hasard.

L'ABSOLUE NÉCESSITÉ

L'absolue nécessité, l'absolu désir, découdre tous ces habits, le plomb de la verdure qui dort sous la feuillée avec un tapis rouge dans les cheveux d'ordre et de brûlures semant la pâleur, l'azurine de teinte de la poudre d'or du chercheur de noir au fond du rideau dur et renâclant l'humide désertion, poussant le verre ardent, hachure dépendant de l'éternité délirante du pauvre, la machine se disperse et retrouve la ronde armature des rousses au désir de sucre rouge.

Le fleuve se détend, passe avec adresse dans le soleil, regarde la nuit, la trouve belle et à son goût, passe son bras sous le sien et redouble de brutalité, la douceur étant la conjonction d'un œil fermé avec un œil ouvert ou du dédain avec l'enthousiasme, du refus avec la confiance et de la haine avec l'amour, voyez quand même la barrière de cristal que l'homme a fermé devant l'homme, il restera pris par les rubans de sa crinière de troupeaux, de foules, de processions, d'incendies, de semailles, de voyages, de réflexions, d'épopées, de chaînes, de vêtements jetés, de virginités arrachées, de batailles, de triomphes passés ou futurs, de liquides, de satisfactions, de rancunes, d'enfants abandonnés, de souvenirs, d'espoirs, de familles, de races, d'armées, de miroirs, d'enfants de chœur,

de chemins de croix, de chemins de fer, de traces,
d'appels, de cadavres, de larcins, de pétrifications,
de parfums, de promesses, de pitié, de vengeances,
de délivrances—dis-je—de délivrances comme au
son des clairons ordonnant au cerveau de ne plus
se laisser distraire par les masques successifs et fé-
minins d'un hasard d'occasion, aux prunelles des
haies, la cavalcade sanglante et plus douce au cœur
de l'homme averti de la paix que la couronne des
rêves, insouciante des ruines du sommeil.

ENTRE PEU D'AUTRES

À Philippe Soupault

Ses yeux ont tout un ciel de larmes.
Ni ses paupières, ni ses mains
Ne sont une nuit suffisante
Pour que sa douleur s'y cache.

Il ira demander
Au Conseil des Visages
S'il est encore capable
De chasser sa jeunesse

Et d'être dans la plaine
Le pilote du vent.
C'est une affaire d'expérience:
Il prend sa vie par le milieu.

Seuls, les plateaux de la balance...

REVENIR DANS UNE VILLE

Revenir dans une ville de velours et de porcelaine, les fenêtres seront des vases où les fleurs, qui auront quitté la terre, montreront la lumière telle qu'elle est.

Voir le silence, lui donner un baiser sur les lèvres et les toits de la ville seront de beaux oiseaux mélancoliques, aux ailes décharnées.

Ne plus aimer que la douceur et l'immobilité à l'œil de plâtre, au front de nacre, à l'œil absent, au front vivant, aux mains qui, sans se fermer, gardent tout sur leurs balances, les plus justes du monde, invariables, toujours exactes.

Le cœur de l'homme ne rougira plus, il ne se perdra plus, je reviens de moi-même, de toute éternité.

GEORGES BRAQUE

Un oiseau s'envole,
Il rejette les nues comme un voile inutile,
Il n'a jamais craint la lumière,
Enfermé dans son vol,
Il n'a jamais eu d'ombre.

Coquilles des moissons brisées par le soleil.
Toutes les feuilles dans les bois disent oui,
Elles ne savent dire que oui,

Toute question, toute réponse
Et la rosée coule au fond de ce oui.

Un homme aux yeux légers décrit le ciel d'amour.
Il en rassemble les merveilles
Comme des feuilles dans un bois,
Comme des oiseaux dans leurs ailes
Et des hommes dans le sommeil.

DANS LA BRUME

Dans la brume où des verres d'eau s'entre-choquent, où les serpents cherchent du lait, un monument de laine et de soie disparaît. C'est là que, la nuit dernière, apportant leur faiblesse, toutes les femmes entrèrent. Le monde n'était pas fait pour leurs promenades incessantes, pour leur démarche languissante, pour leur recherche de l'amour. Grand pays de bronze de la belle époque, par tes chemins en pente douce, l'inquiétude a déserté.

Il faudra se passer des gestes plus doux que l'odeur, des yeux plus clairs que la puissance, il y aura des cris, des pleurs, des jurons et des grincements de dents.

Les hommes qui se coucheront ne seront plus désormais que les pères de l'oubli. À leurs pieds le désespoir aura la belle allure des victoires sans lendemain, des auréoles sous le beau ciel bleu dont nous étions parés.

Un jour, ils en seront las, un jour ils seront en colère, aiguilles de feu, masques de poix et de moutarde, et la femme se lèvera, avec des mains dangereuses, avec des yeux de perdition, avec un corps dévasté, rayonnant à toute heure.

Et le soleil refleurira, comme le mimosa.

LES NOMS: CHÉRI-BIBI, GASTON LE-ROUX.

Il a dû bien souffrir avec ces oiseaux! Il a pris le goût des animaux, faudra-t-il le manger? Mais il gagne son temps et roule vers le paradis. C'est BOUCHE-DE-CŒUR qui tient la roue et non CHÉRI-BIBI. On le nomme aussi MAMAN, par erreur.

LA NUIT

Caresse l'horizon de la nuit, cherche le cœur de jais que l'aube recouvre de chair. Il mettrait dans tes yeux des pensées innocentes, des flammes, des ailes et des verdures que le soleil n'inventa pas.

Ce n'est pas la nuit qui te manque, mais sa puissance.

ARP

Tourne sans reflets aux courbes sans sourires des ombres à moustaches, enregistre les murmures de la vitesse, la terreur minuscule, cherche sous des cendres froides les plus petits oiseaux, ceux qui ne ferment jamais leurs ailes, résiste au vent.

JOAN MIRO

Soleil de proie prisonnier de ma tête,
Enlève la colline, enlève la forêt.
Le ciel est plus beau que jamais.
Les libellules des raisins
Lui donnent des formes précises
Que je dissipe d'un geste.

Nuages du premier jour,
Nuages insensibles et que rien n'autorise,
Leurs graines brûlent
Dans les feux de paille de mes regards.

À la fin, pour se couvrir d'une aube
Il faudra que le ciel soit aussi pur que la nuit.

JOUR DE TOUT

Empanaché plat, compagnie et compagnie à la parole facile, tout à dire. Peur plus tiède que le soleil. Il est pâle et sans défauts. Compagnie et compagnie s'est habitué à la lumière.

Est-ce avoir l'air musicien que d'avoir l'air des villes? Il parle, roses des mots ignorés de la plume.

Et je me dresse devant lui comme le mât d'une tente, et je suis au sommet du mât, colombe.

L'IMAGE D'HOMME

L'image d'homme, au dehors du souterrain, res-plendit. Des plaines de plomb semblent lui offrir l'assurance qu'elle ne sera plus renversée, mais ce n'est que pour la replonger dans cette grande tris-tesse qui la dessine. La force d'autrefois, oui la force d'autrefois se suffisait à elle-même. Tout se-cours est inutile, elle périra par extinction, mort douce et calme.

Elle entre dans les bois épais, dont la silencieuse solitude jette l'âme dans une mer où les vagues sont des lustres et des miroirs. La belle étoile de feuilles blanches qui, sur un plan plus éloigné, semble la reine des couleurs, contraste avec la sub-stance des regards, appuyés sur les troncs de l'in-calculable impéritie des végétaux bien accordés.

Au-dehors du souterrain, l'image d'homme ma-nie cinq sabres ravageurs. Elle a déjà creusé la ma-sure où s'abrite le règne noir des amateurs de mendicité, de bassesse et de prostitution. Sur le plus grand vaisseau qui déplace la mer, l'image d'homme s'embarque et conte aux matelots reve-nant des naufrages une histoire de brigands: «À cinq ans, sa mère lui confia un trésor. Qu'en faire? Sinon de l'amadouer. Elle rompit de ses bras d'en-fer la caisse de verre où dorment les pauvres mer-veilles des hommes. Les merveilles la suivirent. L'œillet de poète sacrifia les cieux pour une cheve-lure blonde. Le caméléon s'attarda dans une clai-rière pour y construire un minuscule palais de

fraises et d'araignées, les pyramides d'Égypte fai-
saient rire les passants, car elles ne savaient pas
que la pluie désaltère la terre. Enfin, le papillon
d'orange secoua ses pépins sur les paupières des
enfants qui crurent sentir passer le marchand de
sable.»

L'image d'homme rêve, mais plus rien n'est ac-
croché à ses rêves que la nuit sans rivale. Alors,
pour rappeler les matelots à l'apparence de
quelque raison, quelqu'un qu'on avait cru ivre pro-
nonce lentement cette phrase:

«Le bien et le mal doivent leur origine à l'abus
de quelques erreurs.»

LE MIROIR D'UN MOMENT

Il dissipe le jour,
Il montre aux hommes les images déliées de l'ap-
parence,
Il enlève aux hommes la possibilité de se distraire.
Il est dur comme la pierre,
La pierre informe,
La pierre du mouvement et de la vue,
Et son éclat est tel que toutes les armures, tous les
masques en sont faussés.
Ce que la main a pris dédaigne même de prendre
la
forme de la main,
Ce qui a été compris n'existe plus,
L'oiseau s'est confondu avec le vent,

Le ciel avec sa vérité,
L'homme avec sa réalité.

TA CHEVELURE D'ORANGES

Ta chevelure d'oranges dans le vide du monde
Dans le vide des vitres lourdes de silence
Et d'ombre où mes mains nues cherchent tous tes
reflets.

La forme de ton cœur est chimérique
Et ton amour ressemble à mon désir perdu.
Ô soupirs d'ambre, rêves, regards.

Mais tu n'as pas toujours été avec moi. Ma mé-
moire
Est encore obscurcie de t'avoir vu venir
Et partir. Le temps se sert de mots comme
l'amour.

LES LUMIÈRES DICTÉES

Les lumières dictées à la lumière constante et
pauvre passent avec moi toutes les écluses de la
vie. Je reconnais les femmes à fleur de leurs che-
veux, de leur poitrine et de leurs mains. Elles ont
oublié le printemps, elles pâlissent à perte d'ha-
leine.

Et toi, tu te dissimulais comme une épée dans la
déroute, tu t'immobilisais, orgueil, sur le large vi-
sage de quelque déesse méprisante et masquée.

64

Toute brillante d'amour, tu fascinais l'univers igno-
rant.

Je t'ai saisie et depuis, ivre de larmes, je baise
partout pour toi l'espace abandonné.

TA BOUCHE AUX LÈVRES D'OR

Ta bouche aux lèvres d'or n'est pas en moi pour
rire
Et tes mots d'auréole ont un sens si parfait
Que dans mes nuits d'années, de jeunesse et de
mort
J'entends vibrer ta voix dans tous les bruits du
monde.

Dans cette aube de soie où végète le froid
La luxure en péril regrette le sommeil,
Dans les mains du soleil tous les corps qui
s'éveillent
Grelottent à l'idée de retrouver leur cœur.

Souvenirs de bois vert, brouillard où je m'enfonce
J'ai refermé les yeux sur moi, je suis à toi,
Toute ma vie t'écoute et je ne peux détruire
Les terribles loisirs que ton amour me crée.

ELLE EST

Elle est—mais elle n'est qu'à minuit quand tous
les oiseaux blancs ont refermé leurs ailes sur
l'ignorance des ténèbres, quand la sœur des my-

riades de perles a caché ses deux mains dans sa chevelure morte, quand le triomphateur se plaît à sangloter, las de ses dévotions à la curiosité, mâle et brillante armure de luxure. Elle est si douce qu'elle a transformé mon cœur. J'avais peur des grandes ombres qui tissent les tapis du jeu et les toilettes, j'avais peur des contorsions du soleil le soir, des incassables branches qui purifient les fenêtres de tous les confessionnaux où des femmes endormies nous attendent.

Ô buste de mémoire, erreur de forme, lignes absentes, flamme éteinte dans mes yeux clos, je suis devant ta grâce comme un enfant dans l'eau, comme un bouquet dans un grand bois. Nocturne, l'univers se meut dans ta chaleur et les villes d'hier ont des gestes de rue plus délicats que l'aubépine, plus saisissants que l'heure. La terre au loin se brise en sourires immobiles, le ciel enveloppe la vie: un nouvel astre de l'amour se lève de partout—fini, il n'y a plus de preuves de la nuit.

LE GRAND JOUR

Viens, monte. Bientôt les plumes les plus légères, scaphandrier de l'air, te tiendront par le cou.

La terre ne porte que le nécessaire et tes oiseaux de belle espèce, sourire. Aux lieux de ta tristesse, comme une ombre derrière l'amour, le paysage couvre tout.

Viens vite, cours. Et ton corps va plus vite que
tes pensées, mais rien, entends-tu? rien, ne peut te
dépasser.

LA COURBE DE TES YEUX

La courbe de tes yeux fait le tour de mon cœur,
Un rond de danse et de douceur,
Auréole du temps, berceau nocturne et sûr,
Et si je ne sais plus tout ce que j'ai vécu
C'est que tes yeux ne m'ont pas toujours vu.

Feuilles de jour et mousse de rosée,
Roseaux du vent, sourires parfumés,
Ailes couvrant le monde de lumière,
Bateaux chargés du ciel et de la mer,
Chasseurs des bruits et sources des couleurs

Parfums éclos d'une couvée d'aurores
Qui gît toujours sur la paille des astres,
Comme le jour dépend de l'innocence
Le monde entier dépend de tes yeux purs
Et tout mon sang coule dans leurs regards.

CELLE DE TOUJOURS, TOUTE

Si je vous dis: «j'ai tout abandonné»
C'est qu'elle n'est pas celle de mon corps,
Je ne m'en suis jamais vanté,
Ce n'est pas vrai
Et la brume de fond où je me meus
Ne sait jamais si j'ai passé.

L'éventail de sa bouche, le reflet de ses yeux,
Je suis le seul à en parler,
Je suis le seul qui soit cerné
Par ce miroir si nul où l'air circule à travers moi
Et l'air a un visage, un visage aimé,
Un visage aimant, ton visage,
À toi qui n'as pas de nom et que les autres
ignorent,
La mer te dit: sur moi, le ciel te dit: sur moi,
Les astres te devinent, les nuages t'imaginent
Et le sang répandu aux meilleurs moments,
Le sang de la générosité
Te porte avec délices.

Je chante la grande joie de te chanter,
La grande joie de t'avoir ou de ne pas t'avoir,
La candeur de t'attendre, l'innocence de te
connaître,
Ô toi qui supprimes l'oubli, l'espoir et l'ignorance,
Qui supprimes l'absence et qui me mets au
monde,
Je chante pour chanter, je t'aime pour chanter
Le mystère où l'amour me crée et se délivre.

Tu es pure, tu es encore plus pure que moi-même.

Table des matières